この本を読むみなさんへ

監修　九里徳泰

　この本を手にとったあなたは、「サステナブルな社会」ということばを聞いたことがあり、くわしく知りたいと思ったのかもしれません。あるいは「サステナブルな社会」なんて聞いたことがないけれど、何のことだろうと気になって手にとったのかもしれませんね。

　「サステナブルな社会」とは、みんながこれからもずっと幸せにくらしていける社会です。でも、残念ながら、地球にくらす人々が今までのようにくらしていては、「サステナブルな社会」は実現できないだろうと予想されています。今、この地球では、わたしたち人間の活動のためにさまざまなこまった問題が起こっているのです。そこで、「サステナブルな社会」を実現するための目標として、国連から「SDGs」がよびかけられています。

　今起こっているこまった問題は、みなさんの身近なところにも、遠い国々にもあります。まず、それらの問題に目を向け、なぜその問題が起こっているのか、問題を解決するにはどうしたらいいのかを、いっしょに考えていきましょう。

　「サステナブルな社会」を実現するには、ひとりひとりが考え、学び、行動することが大切です。この本を読んで、「サステナブルな社会」や「SDGs」のことを知り、自分には何ができるかを考えるきっかけにしてください。

　そして、みんなが幸せにくらせる社会を、いっしょにつくっていきましょう。

※このシリーズは、とくに断りのない限り、2021年1月時点の情報に基づいています。

みんなでつくろう！
サステナブルな社会
未来へつなぐSDGs

③

経済

監修
相模女子大学教授
九里徳泰

小峰書店

もくじ

SDGsをめざしサステナブルな社会を実現しよう

SDGsの17の目標

今、地球で起こっているさまざまな問題を解決するため、2030年までに地球にくらすすべての人がめざすゴールとしてSDGsが定められています。SDGsを達成することで、みんながずっと幸せで豊かにくらしていけるサステナブル（持続可能）な社会が実現します(→くわしくは、1巻4〜10ページ)。

「サステナブルな社会」は、みんながずっと幸せにくらせる社会のことなんだよ。

すべての人が幸せにくらせる社会

みんなが栄養のある食事をとれる

みんなが学校で勉強できる

すべての人が平等

SDGs の 17 のゴールは、環境、社会、経済に関係するものに分けられます。

すべての人々が手をとり合って力を合わせることが大切です。

経 済

3 経済成長を持続しながら環境や社会をよくする

ただお金を得るだけでなく、どうやってお金を得るかを大切に考えて、環境や社会をよくすることをめざしています。

社 会

2 よい社会であることが経済を持続させる

わたしたちが生きている社会には、健康や教育、貧困（貧しさ）などの問題があります。これらの問題が解決されたよい社会が、経済を支えることになります。

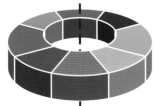

環 境

1 よい環境をつくることが基本

わたしたちが生きていくために、気候、水、森林、海などの環境をよくして持続させることが、社会や経済を持続させる基本になります。

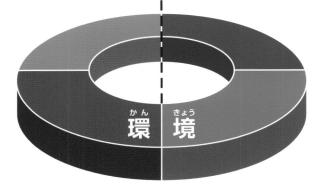

みんなでつくろう！
サステナブルな社会

よい環境を守り、みんなが平等におたがいをみとめ合いながら、経済成長を続けていくことで、サステナブルな社会をつくりましょう。

「経済」に関係するテーマから
「サステナブルな社会」を考えていくよ！

サステナブルな社会をつくるために

サステナブルな社会をつくるには、今、どんな問題が起こっているか、その原因は何か、問題を解決するにはどうしたらよいかを考え、行動する必要があります。行動するときの目標の1つとして、SDGsを見るとよいでしょう。そして、一人一人が自分たちにもできることを実行していくことが大切です。

3巻では、「経済」にかかわる、ごみ、不平等、労働、消費からサステナブルな社会を考えていきましょう。

ごみ から考える サステナブルな社会

わたしたちの生活や産業からは、たくさんのごみが出ます。ごみは回収されたあと、燃やされたり、うめられたりしますが、決してなくなるわけではありません。

ごみは、地球や生き物などにえいきょうをあたえるという意味では、環境の問題だと言えますが、資源を使い、すてているという点では、経済にもかかわる問題です。

世界じゅうで、毎日大量のごみが出ている（マレーシア）。

(Tony Marturano/Shutterstock.com)

ごみは、ごみ収集車が回収していくね。

そのあと、ごみがどうなるのか、よくわからないね。

日本で1年間に出る一般ごみの量

約 4300 万 t

＝

（東京ドーム 115 はい分）

（環境省）

7

🗑 ごみのさまざまな問題

大量のごみを処分しきれなくなる

毎日の生活で、人はさまざまなものを使い、そして、使わなくなったものや、使い終わったものなどをすてています。家庭から出る一般ごみ、工場などから出る産業廃棄物、食品ロスなど、世界全体から出るごみの量は増え続けています。日本では、集めたごみを、燃やせるものは燃やして灰にし、燃やせないものはそのままうめ立てています。うめ立て処分場には限りがあり、このままうめ立てを続けると、近い将来にいっぱいになってしまいます。

ごみのうめ立て処分場。

ごみを燃やすと地球温暖化につながる

ごみを焼却する処理施設。　　　　　　(PIXTA)

ごみを燃やすと、ごみの体積が減ってうめ立てやすくなります。しかし、ごみを燃やすときにたくさんの二酸化炭素が発生するので、地球温暖化につながります。また、ごみ収集車がごみを集めて処理施設まで運ぶときや、燃やした灰をうめ立て処分場に運ぶときにも燃料を使うため、二酸化炭素が発生します。ごみが多ければ多いほど、その処理のために使うエネルギーの量が増えて、地球温暖化が進んでしまうのです。

プラスチックごみが生き物の命をうばう

(PIXTA)

プラスチックは、食品の包装や電気製品など、身の回りでたくさん使われています。ところが世界のプラスチックのリサイクル率は約10％で、大部分は燃やされたり、うめられたり、そのまますてられたりしています。このプラスチックごみが海に流れこむ「海洋プラスチック」が問題になっています。プラスチックは分解されるまでに長い時間がかかるため、たまり続けて海をよごし、海の生き物の命をうばうこともあります。

ウミガメが、プラスチックごみをクラゲだと思って食べることがある。

(PIXTA)

ごみが適切に処分されない

開発途上国では、すてられたごみが収集されず、ごみの山ができてしまうことがあります。収集されても、処分されなかったり、そのまま川や海などに流されたりすることもあります。ごみが放置されたままだと有害物質が発生したり、ごみがくさって発生したガスが自然発火して火事になったりします。有害物質が地下水や川、海にまじれば、人の健康に害をおよぼし、自然環境をこわす原因にもなります。

(PIXTA)

人家のそばにもごみがすてられ、健康に被害をおよぼしている（フィリピン）。

資源がむだになっている

ものを生産するには、さまざまな資源が必要です。ある国の消費を満たすための天然資源の量をマテリアルフットプリント（→ 26 ページ）と言いますが、産業の発達にともなって増え続けています。その一方で、大切な資源を使ってつくったものが、十分に活用されないまま、ごみにされています。

プラスチックをリサイクルせずにすてれば、そのもととなる石油がむだになります。木材をむだにすれば森林が減ります。このような使い方をし続ければ、いずれ資源が使えなくなり、経済成長ができなくなるでしょう。

プラスチックが分解される時間

海に流れこんだプラスチックごみは、波などにくだかれ、やがてマイクロプラスチックという細かいつぶになります（→ 1 巻 30 ページ）。プラスチックの分解には長い年月がかかり、数百年以上海に残って、生き物を苦しめます。そのため、海の生態系にえいきょうがおよぶと考えられます。

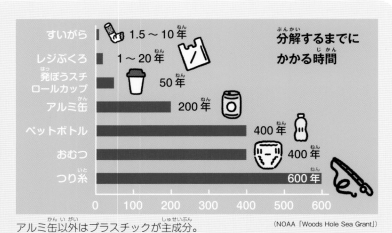

	分解するまでにかかる時間
すいがら	1.5 〜 10 年
レジぶくろ	1 〜 20 年
発ぽうスチロールカップ	50 年
アルミ缶	200 年
ペットボトル	400 年
おむつ	400 年
つり糸	600 年

アルミ缶以外はプラスチックが主成分。

（NOAA「Woods Hole Sea Grant」）

ごみ問題を解決するには？

3Rを進める

3Rとは、Rで始まるReduce、Reuse、Recycleの3つの言葉のことで、資源を大切に使うために心がけたいことを表しています。

リデュースは使う資源やごみの量を減らすこと、リユースはものをくり返し使うこと、リサイクルは使い終わったものを資源として再び利用することです。3Rを進めることが、資源を大切にし、ごみを減らすことになり、環境や経済をよくしていくと考えられます。

3Rを進めるためにごみを分別するごみ箱（日本）。 (PIXTA)

開発途上国のごみが適切に処理されるようにする

開発途上国では、ごみを処理するしくみが整っていない場合が多いため、先進国によるその国の状態に応じた支援が必要です。まずはごみが収集され、地域の人が健康に生活できるようにすることが大切です。次に、収集されたごみを燃やしたり、うめ立てたりして適切に処理できるようにしていきます。そして、ごみを減らすしくみを整

(JICA)

適切なごみ処理設備をつくるため、家庭から出るごみの調査をする（インドネシア）。

え、3Rを取り入れてごみが資源になるようにします。開発途上国と先進国が協力してごみを減らし、限りある資源をむだにしないことが大切です。

プラスチックごみを減らす取り組み

使いすてにされることも多いプラスチック。ネスレでは、プラスチックごみの問題を解決するため、2025年までに、全世界でつくる製品の包装を100％リサイクル、リユースできる素材に変えることを決めました。日本では、2019年から、おかしの「キットカット」の外ぶくろをプラスチックから紙にする取り組みを行っています。

(ネスレ日本)

紙でつくられたおかしの外ぶくろ。紙なので、折り紙ができる。

わたしたちにもできることは？

ほかにもできることを話し合ってみよう。

ごみの量を減らす

くり返し使えるエコバッグやマイボトルを使いましょう。食事を残さず食べることも大切です。シャンプーや洗剤などは、つめかえできるものを選び、できるだけごみを出さないように工夫しましょう。

エコバッグで買い物。　　くり返し使えるマイボトル。

資源を大切に使う

ものをすてるときは、まだ使えるのではないか、ほかに使ってくれる人がいないかを考えてみましょう。ごみを出すときは分別し、リサイクルできるものは資源回収に出すなど、資源を大切にするよう心がけましょう。

環境によい商品を選ぶ

ものを買うときは、資源を大切にしてつくったと認定された製品やサービスにつけられる、エコマークやグリーンマークのある製品を選びましょう。ごみになる包装が少ないものを選ぶことも大切です。

エコマークがついている商品。　グリーンマークつきの商品。

清そう活動に参加する

川や海、地域の清そう活動に参加しましょう。どれくらいの量のごみがあるか、どんな種類のごみが多いかなどを知れば、ごみ問題を身近に感じられます。家や学校の周りのごみを集めて、調べてみるのもよいでしょう。

砂浜の清そう活動。　　　　　　　(PIXTA)

学校での学習でも考えよう

家庭から出たごみは、どのように処理されているのかな。また、どのようなリサイクルが行われているのかな。（小4：健康や環境を支える仕事）

海の生き物は、どんなものを食べているのかな。（小6：生物と環境）

ごみを減らし、環境によいくらしをするために、どんなことに気をつけたらよいのかな。（小5・6：環境に配慮した生活）

現状 世界の海にプラスチックごみが1億5000万tもある。

未来 プラスチックの利用を減らし、川や海に流さない。

(McKinsey & Company and Ocean Conservancy（2015））

現状 世界のプラスチックのリサイクルは生産量全体の約10％。

未来 すべてのプラスチックがリサイクルされる。

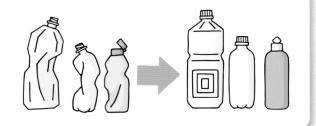

(Jambeck, Jenna R., et al.（2015））

現状 開発途上国で、ごみが集められず、集めても放置されたり、海に流されたりしている。

未来 ごみの収集とリサイクルのしくみが整う。

現状 2040年ごろまでに、日本のごみうめ立て処分場がいっぱいになる。

未来 3Rが進み、ごみが減る。

(環境省)

現状 日本の家庭ごみのうち、約62％が容器や包装に使われたもの。

未来 容器や包装が最小限になり、リサイクルできるものになる。

(環境省)

現状 日本の食品ロスは年間約610万t（2017年）。

未来 買いすぎず、つくりすぎず、食べ切って食品ロスがない。

(環境省)

不平等から考える サステナブルな社会

人として生まれてきただれもが、同じ権利を持ち、同じように大切にされなければなりません。しかし、現実には、さまざまな不平等があります。生まれた国や家庭によっても、平等とは言えないことはたくさんあります。

裕福な人と貧しい人との格差や、先進国と開発途上国との経済的な差による不平等からも、多くの問題が起こっています。

(Pinar Alver/Shutterstock.com)

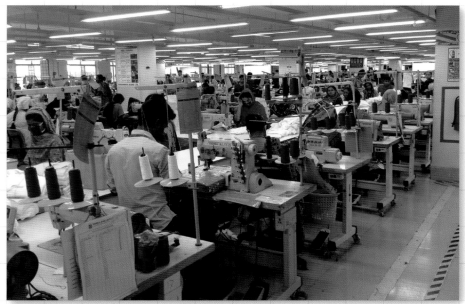

開発途上国で、安い賃金でつくられた製品が先進国に輸出される（バングラデシュ）。

2013年に事故にあったバングラデシュの縫製工場で働いていた人の時給

約13円

すごく安い服や
食べ物を売っている
ことがあるね。

どうして
あんなに
安いのかな。

13

不平等のさまざまな問題

争いにまきこまれる

世界には、ほかの国との戦争や国内の争いが起こっている国・地域があります。そこで生まれ、くらさなければならない人たちは、つねに命の危険を感じながら生きていかなくてはなりません。争いごとにまきこまれれば、自分自身や家族、友だちの命、家や財産を失い、住む土地を追われてしまうこともあります。

争いごとのえいきょうを受けている国・地域にくらす子どもたちは、約2億4600万人もいます（2015年）。

社会保障が受けられない

日本では、病気やけがの治療を受けると、その費用の7～9割ほどを国が負担するなどの社会保障のしくみがあります。しかし、社会保障のしくみが十分に整っていない国では、治療費が出せない人がたくさんいます。また、子どもが生まれても、出生届を出さなかったために教育を受けられず、成長しても満足のいく仕事につけないこともあります。出生の登録がない5歳未満の子どもは、貧しい農村地域に住んでいることが多く、同じ国の中でも格差が生まれます。

生きるために子どもが働かなければならない

生まれた国や地域、環境によって、おさないうちから自分の意思とは関係なく、生活のために働かなくてはならない子どもがたくさんいます。おさないきょうだいの世話や家事をして、家族を支える子どももいます。このような生活を送る子どもは学校に通えないことが多く、教育が受けられないため、大人になっても安定した仕事につけずに、きびしいくらしが続いてしまいます。

タバコをつくる仕事をする子ども（ミャンマー）。

紛争のために住んでいた土地をはなれなければならない人もいる（ソマリア）。

格差が広がってしまう

多くの国で、収入と財産の格差が広がっています。世界で最も豊かな26人が、貧しい人38億人分の富を持っている（2018年）と言われています。

先進国の中でも格差は広がり、収入が低い人たちの中には、十分な食事がとれなかったり、医療が受けられなかったりする人もいます。このような不平等な状態は、なかなか解消できません。

(Bayazid Akter/Shutterstock.com)

2013年に事故を起こしたバングラデシュのビル。この中に5つの縫製工場が入っていた。

開発途上国の人が安い賃金で働かされる

2013年、バングラデシュの縫製工場が入っているビルがくずれ、多数の人が亡くなる事故がありました。この工場では、先進国の企業からの注文を受けて服をつくっていて、時給約13円という安い賃金で従業員を働かせていました。

このように先進国の企業には、開発途上国の工場を使って大量の安い製品をつくらせているところがあります。利益だけを求めることで、開発途上国の人たちを苦しめているのです。

先進国と開発途上国の貿易の問題

国と国との貿易は、適切な価格で行われなければなりません。しかし、開発途上国から先進国への輸出は公正な取引が行われないことが多く、どれだけ輸出しても働く人の給料は上がらず、国内の産業が育たないので、国が豊かになりません。子どもの労働のほか、森林をプランテーション（農園）に変えるなどの環境破壊と引きかえに、安い製品がつくられ、先進国の人がそれを利用しているのです。

(Pierre-Yves Babelon/Shutterstock.com)
カカオのプランテーションで働く人（マダガスカル）。

15

不平等の問題を解決するには？

ちがいをみとめ、おたがいを大切にする

　差別をなくし、不平等な状況を改めるには、国ごとの政治的・社会的な取り組みはもちろん、一人一人の意識を変えることが重要です。人々が持つ差別的な意識が、国と国の争いにまで広がってしまうこともあるからです。積極的に異なる文化を学んで、交流して、そのちがいをみとめ、おたがいを大切に思うことが、差別のない、平等な社会づくりへとつながります。

さまざまな人たちがおたがいをみとめ合うことが大切。　(oneinchpunch/Shutterstock.com)

フェアトレードを実施する

　先進国と開発途上国の間での貿易の不公平を改善して、適切な価格で取り引きすることで、とくに開発途上国の生産者や労働者が貧困からぬけ出し、地域社会が豊かになるような貿易のしくみを、フェアトレードと言います。環境を守りながら生産が行われるようにすることも重要です。現在、カカオ（チョコレートの原料）やコーヒー、バナナ、コットン（綿）製品などで、フェアトレードが進んでいます。

富の格差を縮めるしくみ

　収入や財産などの富の格差が大きくなればなるほど、教育や医療、仕事につく場面などでも不平等が広がってしまいます。
　富の格差を縮めるためには、富を再分配するしくみをつくることが必要です。収入や財産が多い人に税金を多くかけ、貧しい人が健康で安定した生活を送るための社会保障制度を充実させることで、格差の解消につながります。

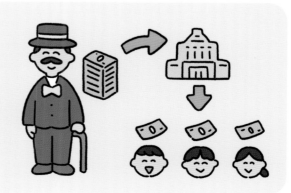

わたしたちにもできることは？

ほかにもできることを話し合ってみよう。

フェアトレードを大切にする

つくる人たちの働く環境をよくするために、公平な貿易で取り引きしたフェアトレード商品を選びましょう。審査を通ってみとめられた商品には、国際フェアトレード認証ラベルか、フェアトレードを保証された団体のマークがついています。

国際フェアトレード
認証ラベル

フェアトレードだと保証された
団体の製品につけられるラベル

すべての人を尊重する

性別や年れい、障がいのあるなし、LGBT（→2巻33ページ）、病気など、どのような差別もあってはいけません。人に対してかたよった見方をしていないか自分に問いかけてみて、だれに対しても、相手を尊重するよう心がけましょう。

異文化を学ぶ

人を尊重するには、その人の文化やくらしについて知ることが大切です。外国人なら、その人の国と自分の国の文化の似ているところやちがうところを考えてみましょう。その国の文化や歴史を知ることで、相手への理解が深まります。

海外の宗教などについて学ぶ（タイ）。
(PIXTA)

世界の不平等を学ぶ

世界には多くの不平等があります。その原因や、現在の状況などを、新聞やテレビのニュース、インターネットの情報などで学びましょう。まず問題に関心を持ち、真実を知ることが不平等を解決することにつながります。

学校での学習でも考えよう

社会

チョコレートの原料となるカカオは、どこでどのように栽培されて、日本に輸出されているのかな。（小6：グローバル化する世界）

家庭科

日本の伝統的な文化にはどのようなものがあるのかな。（小5・6：日本の伝統的な生活）

道徳

差別が起こるのはどんな場合なのかな。（小5・6：公正、公平、社会正義）

みんなでめざすサステナブルな社会

現状 紛争のえいきょうを受けている国や地域でくらす子どもたちは約2億4600万人。

未来 みんなが平和にくらせる。

（ユニセフ）

現状 別の国に移った移民は、移住先の国などから社会保障を受けられないことがある。

未来 移住先の社会保障を受けられる。

（国連広報センターホームページ「SDGs報告2019」）

現状 世界の金持ちの上位26人が、貧しい人38億人分の富を持っている。

未来 金持ちと貧しい人の差が少なくなる。

（オックスファム・インターナショナル）

現状 農村部は、都市部に比べて貧困率が3倍高い。

未来 農村も都市も豊かにくらせる。

（国連広報センターホームページ「SDGs報告2019」）

現状 世界で、生活にこまったときに国の助けを受けられる子どもは約35％（2018年）。

未来 こまったときはだれもが国の支援を受けられる。

（国連広報センターホームページ「SDGs報告2019」）

現状 開発途上国では、障がいのある子どもは障がいのない子どもより学校に通えない割合が高い。

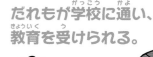
未来 だれもが学校に通い、教育を受けられる。

（ユニセフ）

労働から考える サステナブルな社会

仕事をすることは、自分たちの生活を豊かにするとともに、一人一人の働きが社会全体の発展や、福祉や教育などの充実にもつながります。一方で、働きたくても、いろいろな事情で働けない人や、子どものうちから働かなければいけない人もいます。

だれもが働きがいを感じ、なおかつ経済が成長を続けるためにはどうしたらいいのでしょうか。

会社の都合でやめさせられる人や、働きたくても働けない人がいる。

(PIXTA)

世界の若者
（15〜24歳）のうち
5人に1人は仕事をせず、
教育も職業訓練も
受けていない
（2018年）

（国連広報センターホームページ「SDGs報告2019」）

働きがいがないと、仕事をする気が起こらないんじゃないかな。

でも、生活するためにはしかたがないのかも。

労働のさまざまな問題

子どものうちから働かされる

　世界の5～17歳の子どものうち、全体の10人に1人にあたる1億5200万人が働かなくてはならない状況にあります（2016年）。このうち、半数近くの7300万人が危険をともなう仕事についています。また、アフリカでは、5人に1人の子どもが働いています。

　低い給料で、体に害のある仕事をしなければならない子どももいます。争いが起こっている地域では、兵士として働かされる子どももいます。

レンガ工場で働く子どもたち（インド）。

働きたくても働けない

　2020年の世界の失業率は5.4％、働きたくても仕事につけない失業者は、約1億9000万人と推定されています。とくに、15～24歳の若い世代の失業率は2019年で13.6％と高く、貧困にもつながる大きな問題です。

　未来をになう若者が安定した職につけないと、社会に不満を持ち、犯罪にかかわることもあり、社会が不安定になる原因にもなります。

安い給料で働かなければならない

　仕事があっても、きびしい労働条件に苦しんでいる人たちがたくさんいます。世界の労働者の約10％は、1日1.9ドル（約200円）にもならない収入でくらしています（2016年時点）。とくに開発途上国には、先進国へ輸出する製品をつくるために、安い給料で長時間働かされたり、危険な場所で作業をしたりと、きびしい環境で働いている人たちも多いのです。

働き方に問題がある

日本の有給休暇取得率は低く、世界19か国を対象にした調査では、最下位の50％でした。上司が有給休暇を取ることに協力的かどうかの調査でも、協力的

各国の有給休暇取得率（2019年）調査19か国のうちの12か国

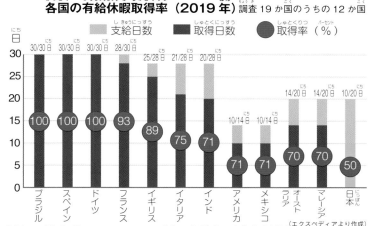

（エクスペディアより作成）

と回答した割合が53％と最下位です。また、安い給料で長時間働かせるなど、ブラック企業とよばれる会社もあります。上司の命令に逆らえず、働きすぎて心の病気になったり、過労死や自死につながることも問題になっています。

※「有給休暇」は、給料をもらって休むことができる日のこと。日数は法律で定められている。

（Rupan Mallick/Shutterstock.com）

給料などに格差がある

仕事にはさまざまな格差があり、働きがいのある仕事につきたくてもつけない人がたくさんいます。女性は男性に比べて給料が低い、地位が上がりにくい、正規社員になりにくいなどの問題があります。また、同じ内容の仕事を同じ時間しても、正規社員と非正規社員とで給料などに差があるという問題もあります。さらに、障がい者や外国人労働者が行った仕事に対して、適正な給料が支払われないこともあります。

新型コロナウイルス感染症が経済にえいきょう

2020年、新型コロナウイルス感染症が拡大し、人々の移動と関係する運輸業や旅行業、観光業をはじめ、さまざまな企業の仕事が減り、世界の経済がえいきょうを受けました。日本でも国民に外出制限などが求められ、休業した商業施設や飲食店もたくさんあります。仕事がなくなったり、給料が減ったりしたことで、新しい仕事をさがす人は増えていますが、企業が人を募集する数は減っています。

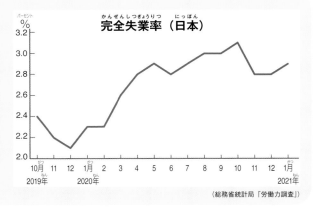

完全失業率（日本）

（総務省統計局「労働力調査」）

労働の問題を解決するには？

国、企業、労働者が協力してディーセント・ワークを実現する

　ディーセント・ワークとは「働きがいのある人間らしい仕事」のことで、「人間らしい生活を送り続けられる労働条件」の実現をめざします。働く時間や給料、休日の日数や働く内容が、人間として尊重され、健康をそこなわない条件であることが重要です。
　国や企業は協力して仕事をつくり出し、社会保障を充実させることが求められます。労働者が意識を持って、子どもの労働やジェンダー格差、長時間労働やさまざまな問題をなくすよう国や企業にはたらきかけることも大切です。

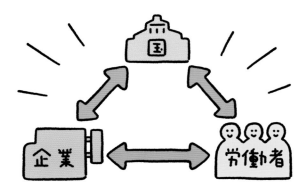

開発途上国の経済成長をめざす

　開発途上国が、自分たちの力で経済のしくみを整え、発展させることができれば、仕事が増えて、人々が公正な条件で働くことができるようになります。
　先進国は、開発途上国の労働者を安い給料で働かせるのではなく、安全を心がけ、労働に見合った給料を支払い、技術を習得できるような働き方を進めて、経済的に自立できるように支援しなければなりません。
　きびしい条件で無理やり働かされる人や子どもがいなくなるような取り組みが必要です。

進められる「働き方改革」

　日本では、長時間労働やサービス残業などの働き方を改善し、労働者が働きやすい環境や条件を選べるようにする「働き方改革」が進められています。短時間で多く生産できるようにする工夫や、家で仕事をする在宅勤務が取り入れられ始めています。正規社員と非正規社員の格差を縮め、有給休暇や育児休暇、介護休暇をとりやすくするなど、みんなが働きやすい社会をめざしています。

わたしたちにもできることは？

ほかにもできることを話し合ってみよう。

適正な商品を選ぶ

食品や洋服などを買うとき、児童労働などの問題がない工場でつくられ、公正に取り引きされたことが保障されている商品を選ぶようにしましょう。商品のパッケージや企業のホームページなどで調べることができます。

児童労働の問題に取り組む団体を支援

児童労働の問題の解決をめざしている団体があります。こうした団体のホームページなどを通じて問題について学び、自分に何ができるかを考えることや、団体の活動を支援することで、児童労働の問題解決の手助けができます。

児童労働の問題解決に取り組むNGO（非政府組織）のホームページ。

（ACE）

障がい者などが働く店に行く

障がい者を従業員としてやとっている店やレストランなどを調べて、行ってみましょう。また、高れい者を積極的にやとっている企業や店のサービスを利用したり、商品を買ったりするのもよいでしょう。

家族で仕事について話し合う

家の人の仕事の内容や働きがい、どんな働き方をしたいかなどを話し合うと、労働問題が身近に感じられます。また、自分が将来つきたい仕事を考え、その分野ではどんな働き方をしているかを調べてみましょう。

学校での学習でも考えよう

世界にはどんな仕事があるのかな。日本にある仕事と比べてみよう。（小6：外国の人々の生活）

わたしたちは、なぜ仕事をするのかな。（小5・6：勤労、公共の精神）

障がいがあっても働きやすい社会とは、どのような社会かな。（福祉）

みんなでめざすサステナブルな社会

現状（げんじょう） 世界で毎年340万人以上の失業者が出ている。

未来（みらい） だれもが働きがいのある仕事を持つ。

（国際労働機関）

現状（げんじょう） 世界では、5〜17歳の子どもの10人に1人が仕事をしている。

未来（みらい） すべての子どもが仕事をしなくてよくなり、教育を受けられる。

（国際労働機関）

現状（げんじょう） アフリカ北部や中東などでは、女性が失業する確率が男性の2倍以上。

未来（みらい） 男女にかかわらず仕事につける。

（国際労働機関）

現状（げんじょう） 日本の有給休暇の取得率は約50％（2019年）。

未来（みらい） 有給休暇がとりやすくなる。

（エクスペディア「日本人の有給休暇取得日数・取得率の推移 2020年」）

現状（げんじょう） 日本で長時間労働（週49時間以上）をする割合は、18.3％。ドイツは7.7％（2019年）。

未来（みらい） 適正な労働時間で健康に働くことができる。

（厚生労働省）

現状（げんじょう） 障がい者が仕事につきにくい。特別支援学校から一般企業に就職する人は約30％（2018年）。

未来（みらい） だれもが自分に合った仕事につける。

（厚生労働省）

消費から考えるサステナブルな社会

わたしたちは毎日、さまざまなものを使います。そして、使い切ったり、その役目を終えたりしたものをすてています。このことを消費と言います。ものを消費することでごみが出ます。

ものをつくる企業も、それを消費する消費者も、環境や社会、ごみの問題などを意識して、地球にやさしい生産や消費を心がけなくてはいけません。

まだ使えるのに…

店では大量の商品が安い値段で売られている。

(Rodrigo Reyes Marin/ アフロ)

とても安い商品もあるけど、なぜだろう。

ぼくたちが使っているものは、どうやってつくられているのかな。

現在のペースで資源やエネルギーを消費すると…

(PIXTA)

2050年には地球3個分の資源が必要になる

(WWF)

消費のさまざまな問題

消費することで資源が失われる

石油などのエネルギーのもとになる資源や、金属のもとになる資源には限りがあります。ある国の消費を満たすための天然資源の量（マテリアルフットプリント）は増え続けていますが、このまま大量に消費してしまうと、いずれ利用できなくなってしまいます。また、森林や魚介類も限りのある資源であり、無計画に消費していては、やがて失われてしまいます。

エネルギーを使うことで、石油や石炭、天然ガスがなくなる。

農作物の育ちをよくするために肥料を使いすぎると、農作物の栽培に向かない土地になる。

農業や工業で水を大量に使うことで、水が不足する地域が出る。

工業製品を大量につくり続けると、銅などの鉱物のほか、コバルトなど希少な鉱物（レアメタル）がなくなる。

植林や適切な手入れをせずに木を利用すると、森林が失われる。

魚介類をとりすぎてしまうと、やがてとれなくなってしまう。

さまざまな問題とつながる消費

消費の問題は、ほかのさまざまな問題とつながっています。消費はごみを生みますが、ごみが増えることは、環境破壊や地球温暖化の原因になります。また、ものは労働によって生産されますが、子どもの労働や、安い給料で働かされること、さらに貧困や教育、健康の問題にもつながります。

ある問題について考えるときは、できるだけ広い視野で考えることが大切です。

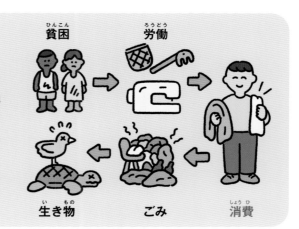

貧困　労働　消費　ごみ　生き物

地球を使いつくしてしまう

人が生きていくために必要な水や大気、食料、木材などはすべて、自然の資源です。人は地球のたくさんの資源を使い、多くのものをつくって、それを消費して生活しています。森林を切りすぎたり、魚をとりすぎたりして、限りある地球の資源をどんどん使ってしまえば、最終的に資源はなくなってしまいます。先進国では、地球1個では足りない量の資源を使っています。

エコロジカル・フットプリント

エコロジカル・フットプリントとは、人間生活がどれほど自然環境にたよっているかをわかりやすく伝えるものです。人間が生活するために必要な資源を下の4つに分け、その量を土地の面積として数値で表したものを合計します。もし世界じゅうの人々が日本人と同じ暮らしをしたら、地球が約2.8個必要です。

石油や石炭を消費して出る二酸化炭素を吸収するのに必要な森林面積。

食料を生産するのに必要な土地面積。

道路や建物に使われる土地面積。

紙や木材を生産するのに必要な土地面積。

もし世界じゅうの人がその国と同様の生活をすると、必要な地球の数は？

地球にくらす人が現在のような使い方で資源を消費すると、地球が1個では足りず、1.75個必要とされます（2019年時点）。また、世界じゅうで先進国の人々が使うのと同様に資源を消費すると、もっと多くの地球が必要です。

(PIXTA)

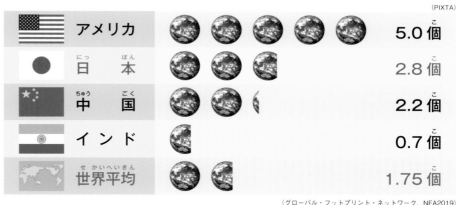

国	必要な地球の数
アメリカ	5.0個
日本	2.8個
中国	2.2個
インド	0.7個
世界平均	1.75個

（グローバル・フットプリント・ネットワーク，NFA2019）

アース・オーバーシュート・デーとは？

1月1日からの1年間に地球が生産する資源の量を、人が消費しつくすまでにどのくらいかかるのか。それをカレンダーにあてはめたものを「アース・オーバーシュート・デー」と言い、2020年は8月22日でした。その日から後に使う資源はすべて、本来は未来の世代が受けつぐはずのものです。オーバーシュートとは一定の限度をこえることで、1970年代からの消費量はオーバーシュートし続けています。

🛒 消費の問題を解決するには？

みんなが
エシカル消費を心がける

　環境や社会によいものを選んで消費することを、エシカル消費と言います。エシカルとは、「道徳的に正しい」という意味です。エシカル消費とは、製品が再利用しやすいようにつくっているか、不当な労働によってつくられていないかなどの点に気をつけて製品やサービスを消費することです。エシカル消費が広まれば、環境や社会を大切にする企業が成長し、安定するようになり、社会全体の経済成長にもつながります。

地産地消を心がける

　ある地域で生産された農作物や魚介類、畜産物などを、その地域で消費することを「地産地消」と言います。「地域で生産したものを地域で消費する」ということです。

　食べるものを遠い海外から運んでくれば、燃料や保存に使うためのエネルギー、労力などがかかります。地産地消を心がけ、できるだけその地域でとれた食品を食べるようにすれば、運ぶきょりが短くなり、余分なエネルギーを使わずにすみます。

地産地消をよびかける地方公共団体の宣伝物。
(柏崎市役所)

オーガニックの食品や
衣類を選ぼう

　農薬や化学肥料は、使いすぎると土地や川、海などの環境によくないえいきょうをあたえることがあります。農薬や化学肥料を使わないで野菜、果物、コットン（綿）などを育てることをオーガニックと言います。オーガニックの食品や衣類などを選ぶことでも、エシカル消費をしたことになります。

農薬を使わない
コットン畑

農薬を使っている
コットン畑

農薬を使うと右の写真のように、コットン以外の植物を育たなくできるが、水や土を悪くするおそれがある。

(株式会社アバンティ)

わたしたちにもできることは？

ほかにもできることを話し合ってみよう。

環境や社会によいものを選ぶ

エシカル消費の目安になるマークがあります。環境を守ることを意識したもの、社会をよくすることを重視したものなど、マークの意味を知って買い物をすることで、エシカルに消費することが身につきます。世界共通のものや、国や地域のオリジナルのものなど、さまざまな認証ラベルや商品マークがあります。右のほかにも、FSC トレードマーク（→1巻21ページ）、MSC 認証、asc 認証（→1巻33ページ）、フェアトレード認証（→17ページ）などがあります。

(Global Organic Textile Standard)

GOTS 認証

社会面・環境面において、きびしい基準に基づいたつくり方で完成したオーガニック繊維製品であることを表す。

レインフォレスト・アライアンス認証

人と自然の未来のため、より持続可能な農法で生産された製品や原料であることを表す。

（レインフォレスト・アライアンス）
(https://www.rainforest-alliance.org/lang/ja)

有機 JAS 認証

日本で、農薬や化学肥料などにたよらず生産や加工がされた有機農産物や有機加工食品であることを表す。

COSMOS 認証

自然の力で生産された有機原料を使用し、環境と健康を考えてつくられた化しょう品であることを表す。

（エコサート・ジャパン株式会社）

ものを大切にしよう

ものを買うときは、食品なら食べ切れるか、洋服なら長く着られるか、文ぼう具なら最後まで使えるかなど、簡単にごみにしない意識で選びましょう。自分の消費行動が、地球の環境を守ることにつながります。使えるものは大切にして、手放すときも3R（→10ページ）を心がけましょう。

ペットボトルなどはリサイクルしよう

ペットボトルは、なるべく使わないようにしたいですが、使った場合は、使用後に軽くゆすいでキャップとラベルをはずし、リサイクルしましょう。紙パックは、内側を洗って開いたものをかわかして、リサイクルに回しましょう。

(PIXTA)

ペットボトルは、キャップやラベルを別にし、体積を小さくしてリサイクルに回す。

学校での学習でも考えよう

社会 自分たちがくらしている地域では、どんな農作物や魚介類がよくとれるかな。（小5：日本の農業・水産業）

理科 植物は、空気中の二酸化炭素をどのように利用しているのかな。（小6：生物と環境）

家庭科 ものを買うとき、使うとき、使い終わったとき、環境にやさしくするためにはどんな工夫があるかな。（小5・6：環境に配慮した生活）

みんなでめざすサステナブルな社会

現状 ものが大量につくられ、大量にすてられている。

未来 エシカル消費とリサイクルが進み、少ない資源でものがつくられる。

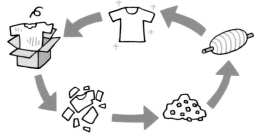

現状 日本の資源のリサイクル率は約20％（2018年度）。

未来 リサイクル率が上がり、資源を有効利用できる。

（環境省）

現状 食品を遠くに運ぶと、エネルギーを使うので、地球温暖化などにつながる。

未来 地産地消をする人が増える。

現状 開発途上国の人々が、安い賃金で働いてつくった製品が売られている。

未来 適正な労働によってつくられた製品が売られる。

現状 安さや便利さだけを考えて商品を買うことで、地球に負担がかかる。

未来 みんながエシカル消費を心がける。

現状 世界の人が日本人と同じようにくらすと、地球が2.8個必要。

未来 地球1個分で、みんながくらせるようになる。

（グローバル・フットプリント・ネットワーク，NFA2018）

サステナブルな社会の実現に取り組む人々

会社や団体などで、サステナブルな社会の実現をめざしてさまざまな活動をしている人たちがいます。どんな活動をしているでしょうか。みなさんにもできることがあるかもしれませんね。

地方公共団体の取り組み

相模原市（神奈川県）

一人一人がSDGsへの取り組みを

神奈川県相模原市は、サステナブルでだれ一人取り残さない市をつくることをめざし、SDGsの考え方にそった取り組みを市民や企業・団体と協力しながら進めています。2020年には「SDGs未来都市」に選ばれました。

市とともに積極的にSDGsに取り組む「さがみはらSDGsパートナー」には、多くの企業・団体が登録しています。また、市の特設サイト「SDGs楽しく学べる特設サイト、「SDGs one by one」のバナー。

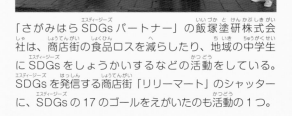

「さがみはらSDGsパートナー」の飯塚塗研株式会社は、商店街の食品ロスを減らしたり、地域の中学生にSDGsをしょうかいするなどの活動をしている。SDGsを発信する商店街「リリーマート」のシャッターに、SDGsの17のゴールをえがいたのも活動の1つ。

one by one」では、オリジナルキャラクターがSDGsの考え方を身近な事例からわかりやすくしょうかいし、企業・団体の取り組みを取り上げています。「one by one」は「一人一人、1つずつ」という意味で、「一人一人、1つずつ、SDGsの達成に向けて取り組んでもらいたい」という思いがこめられています。

さらに、SDGsを楽しく学べるオリジナルカードゲームをつくり、小中学校の授業で活用しています。

SDGs one by one

このサイトはSDGsを分かりやすく、難しい言葉を使わずに、身近な事例から、僕たちが楽しく教えていくよ！

カードゲームを使う小学校の授業の様子。カードゲームには市の施設や特産品なども登場し、SDGsを身近に感じることができる。

学校の取り組み

郁文館夢学園

学校でSDGsを実践

郁文館夢学園（郁文館中学校・高等学校、郁文館グローバル高等学校）は、実践型SDGs教育で日本一の学校をめざしています。全教科の授業や学校行事など学校生活でのあらゆる行動をSDGsの17のゴールと関連させ、「できることから」「身近なことから」をテーマに、生徒が課題を見つけて解決する意欲を育て

プラスチックごみや気候変動など、環境に関することをまとめたSDGsの展示ブース。

る教育をしています。

SDGs委員会が中心となり、身の回りのSDGsをテーマとして写真とメッセージを展示する「SDGs Photo」やスピーチコンテスト、ジェンダー平等に関する記事について全校生徒から意見を集め、優れた意見をしょうかいする「SDGsNIE」などを行っています。

バングラデシュの姉妹校の生徒と交流し、世界の問題への関心を深める。

農林業実習を通じて、生物多様性の大切さ、自然環境の大切さを学ぶ。

会社の取り組み

株式会社
メルカリ

エコパックを再利用

使わなくなった洋服や日用品などを、オンライン上でフリーマーケットのように必要な人に買ってもらうアプリ「メルカリ」。これまでに合計11億以上の商品が出品され、すてられたかもしれないものが、新しい価値を見出されてリユースされています。このしくみは「地球資源が大切に使われる豊かな社会」の実現へ向けて、大きな役割をはたしています。

さらに、商品を送るときにくり返し使える、じ

不用品を商品へリユースし、送るものもリユースする。

スマートフォンなどで簡単に出品・購入できるフリマアプリ「メルカリ」。

「メルカリエコパック」。ぴったりしまるファスナーつきで、防水性が高い。A4サイズまで入る。

ょうぶな「メルカリエコパック」を製作しています。メルカリエコ

パックで商品を送れば、受け取った人が次に自分が出品した商品を送るときに使えるので、リユースが次々とつながっていくことになります。

学校の取り組み

成蹊学園

小学校から大学まで
サステナビリティを

成蹊学園は、1925年から続く気象観測や、「種をまき、育て、収穫し、調理し、食べる」小学校の栽培活動、中学校の「夏の学校」での自然観察教育プログラムなど、創立当初から、持続可能な開発のための教育につながる取り組みを行っています。2018年4月にはサステナビリティ教育研究センターがつくられ、小学校から大学までをつなぐとともに、研究機関や学校、市民と連けいしています。「落ち葉は資源！」をテーマに、学校のケヤキ並木の落ち葉を活用して、たい肥づくりや焼きいも大会をする環境活動「けやき循環プロジェクト」、優れた活動を表彰する「サステナビリティ大賞」など、さまざまな取り組みをしています。

落ち葉からつくったたい肥で野菜などを育て、調理して食べる。

「成蹊学園サステナビリティ大賞」で入賞した活動と環境地図作品。

会社の取り組み

株式会社セブン＆アイ・ホールディングス

12 つくる責任つかう責任

みんなで取り組む
ペットボトルじゅんかん

セブン＆アイグループでは、プラスチック対策として、セブン-イレブンやイトーヨーカドーで回収したペットボトルを資源としてじゅんかんさせる取り組みを進めています。

2020年度は、全国925店に専用の回収機を1001台設置し、国内で販売されているペットボトルの1%

店頭で回収したペットボトルをリサイクルした商品。

にあたる約3億3000万本分のペットボトルを回収しました。回収したペットボトルは、再びペットボトルになるほか、衣服や商品の包材にリサイクルされ、店頭に並びます。

消費者に近いコンビニやスーパーを運営する企業だからこそ、環境に配慮した商品作りを通じ、SDGsの目標12にある「つくる責任・つかう責任」につながる取り組みを、お客さまとともに進めています。

店頭にペットボトル回収機を設置。

みんなで取り組むペットボトルじゅんかん。

経済活動と環境・社会

　人間はこれまで、ものをつくって売り、お金をもうけること＝経済活動を最優先にしてきました。そのために、これまで見てきたようなさまざまな環境や社会の問題が起こってきました。

経済活動を最優先にすると…

　これまで多くの会社が、地球の資源をもとにものをたくさんつくって売り、利益を得てきました。売れたものが使ってはすてられ、また買われれば、利益が増えていきます。そうすると、経済が成長し、人々のくらしは便利になります。しかし、その一方で、こうした経済成長は、環境や社会によくないことも引き起こします。

ものをつくったり、運んだりするために石炭や石油などをどんどん使う。

森林の木を切って、木材や紙として利用する。

労働者を安い給料で長時間働かせる。

くらしが豊かになる

一部の人がたくさんの富を持つ

公害問題が
起こる

空気や海が
よごれる。

※「公害」は、人々の生活にあたえる害のこと。

大気中の
二酸化炭素が増える

石炭や石油を燃やして、大量の二酸化炭素を発生させる。

生態系を
こわす

地球温暖化が
進む

不平等が
起こる

先進国と開発途上国ではくらしに大きな差ができる。

労働の問題が
起こる

きびしい労働条件のもとで働く。
児童が働かなければならない。

貧困から
ぬけ出せない

健康に
生きられない

教育が
受けられない

環境・社会に
多くの問題が…

これまでのように、経済活動を最優先にすると、近い将来、地球の環境がそこなわれ、わたしたち人間や生き物が生きていけなくなるかもしれません。また、社会の問題がより深刻になり、多くの人が人間らしいくらしができないまま取り残されてしまうかもしれません。

「サステナブルな社会」の実現のために

さまざまな問題を解決し、「サステナブル（持続可能）な社会」を実現するには、経済を最優先にするという考え方を変えていかなければなりません。

めざすのは「経済成長もして、環境や社会も守られる」社会

環境や社会の問題を解決するには、経済成長を止めてしまえばよいと考えるかもしれません。しかし、経済成長が止まれば、働く人の給料も上がらず、国に納める税金も減ることになるでしょう。すると、国や地方公共団体がつくる道路や学校、病院などに十分なお金がかけられず、人々の生活によくないえいきょうが出てしまいます。

それにこの先、わたしたちは、電気やガス、水道などを使わない生活に逆もどりすることはできません。めざすのは、「経済成長もして、環境や社会も守られる」社会です。

「便利さ」について考えよう

先進国の人々は、便利な生活に慣れています。じゃ口から出る水道水、スイッチ1つで使える電気やガス、たくさんのものにあふれた24時間利用できる店、さらにはインターネットで注文して商品を配達してもらうしくみなど、いつでも必要なものが利用できる生活を送っています。

しかし、それらの便利さと引きかえに、地球や開発途上国の人たちに負担がかかっています。それは、本当の意味での「便利さ」と言えるでしょうか。わたしたちは、だれにとっての便利さなのかを改めて考えなければなりません。

「自分だけよければよい」 わけではない

　これまで見てきたように、今地球で起こっているさまざまな問題は、すべてつながっています。世界の遠いところで起こっている問題だからといって、自分とは関係ないとは言えません。また、「自分さえよければよい」という考え方では、問題は解決できません。今起こっている問題は、やがて将来の自分にふりかかってくるかもしれないのです。現在の問題は、地球にくらす一人一人が考えて行動し、解決していかなければならないのです。

少し考えを変えてみよう

　「同じものを買うのなら、1円でも安いほうがいい」と思うかもしれません。本当にそうでしょうか。開発途上国の人々が安い給料で働いているから、先進国にくらすわたしたちは安くものが手に入っているのかもしれません。
　少し高くても環境や社会への負担が少ないものを選ぶことで、気候変動や貧困などの問題の解決につながるかもしれません。そうすることが、地球全体の経済成長にもつながります。このように、少し考えを変えてみることも、問題解決への道筋の1つになります。

パートナーシップで目標を達成しよう

　会社やNGO、地方公共団体、学校などで、SDGsの目標を実現するさまざまな取り組みが行われています。SDGsの1〜16の目標を達成するには、世界じゅうの国の政府や役所、市民、専門家、技術者、地域、企業といった、ありとあらゆる人たちが協力して取り組むことが必要です。
　そこでかかげられるのがSDGsの17番目の目標「パートナーシップで目標を達成しよう」です。SDGsに取り組んでいる企業の商品を選ぶことも、わたしたちができるパートナーシップの1つです。

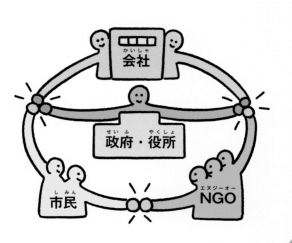

できることから始めよう！

地球はわたしたちみんなのもの。だれにでもできることがあります。
まずはできることから始めましょう。

さまざまな問題に関心を持とう

正しい情報をもとに、問題を知ることが、第一歩です。

環境によいことを心がける

毎日の生活の中で、環境のためにできることはたくさんあります。

相手を理解し、みとめ合おう

多様な人々の生き方や考え方を理解し、みとめることが大切です。

周りの人と話し合ってみよう

自分の考えを周りの人に伝え、話し合ってみましょう。

さくいん

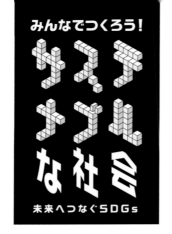

みんなでつくろう！

サステナブルな社会

未来へつなぐSDGs

❸
経済

監修　九里徳泰（くのり・のりやす）

中央大学商学部経営学科卒、同大学院総合政策研究科修了。博士（工学）。専門はサステナビリティ・マネジメント（持続可能性経営）。富山市政策参与（自然環境・環境経営）。ジャーナリストとして15年間世界80か国を取材後、中央大学助教授、富山県立大学教授を経て相模女子大学学芸学部教授、同大学院MBA社会起業研究科教授。

指導協力	学習院初等科教諭　米井慎一

装幀・デザイン	高橋コウイチ（WF）
本文レイアウト	シードラゴン
企画・編集	山岸都芳・増田秀彰（小峰書店）
編集協力	大悠社
表紙イラスト	間芝勇輔
イラスト	間芝勇輔、川下隆

2021年4月3日　　第1刷発行
2024年6月10日　　第2刷発行
監修者　九里徳泰
発行者　小峰広一郎
発行所　株式会社 小峰書店
　　　　〒162-0066
　　　　東京都新宿区市谷台町4-15
　　　　電話　03-3357-3521
　　　　FAX　03-3357-1027
　　　　https://www.komineshoten.co.jp/

印刷　　株式会社 三秀舎
製本　　株式会社 松岳社

NDC360　39P　29 × 22cm
ISBN978-4-338-34303-9
©2021 Komineshoten Printed in Japan

参考文献

●川延昌弘『未来をつくる道具　わたしたちのSDGs』（ナツメ社）
●南博、稲場雅紀『SDGs ―危機の時代の羅針盤』（岩波書店）
●佐藤真久・監修『未来の授業　私たちのSDGs探究BOOK』（宣伝会議）
●保本正芳、中西將之、池田靖章『自分ごとからはじめよう SDGs探究ワークブック～旅して学ぶ、サスティナブルな考え方～』（ワークアカデミー）
●佐藤真久、田代直幸、蟹江憲史『SDGsと環境教育　地球資源制約の視座と持続可能な開発目標のための学び』（学文社）
●蟹江憲史・監修、一般社団法人 Think the Earth・編著『未来を変える目標 SDGsアイデアブック』（紀伊國屋書店）
●『SDGsビジネス入門　12兆ドル市場を拓くアイデアと先行事例』（日本ビジネス出版）
●環境省大臣官房環境経済課環境教育推進室『SDGs達成に向けた「持続可能な地域の創り手を育む"学びの場"づくり」ガイドブック』（環境省）
●池上彰・監修『世界がぐっと近くなる SDGsとボクらをつなぐ本』（学研プラス）
●秋山宏次郎・監修、バウンド『こどもSDGs　なぜSDGsが必要なのかがわかる本』（カンゼン）